GAUDÍ

Sagrada Familia

Santus
Santus
San
santus
santus
santus
santu
santus
Santus
PAPA MÒBIL

La Pedrera

Casa Milà

29
doctor ANDREU

Casa Batlló

IHS
29
doctor ANDRE

Park Güell

Casa Vicens

CARRER
CARO-
LINES

Casa de los Botines

DOLLARS
STERLING
FRANCS

Palau Güell

El Capricho